Sandra und Sabine Arriens

Window-Color
Tiere

Die Deutsche Bibliothek - CIP-Einheitsaufnahme
Window-Color – Tiere / Sandra und Sabine Arriens. – Wiesbaden: Englisch, 2000
ISBN 3-8241-1028-8

© by Englisch Verlag GmbH, Wiesbaden 2000
ISBN 3-8241-1028-8
Alle Rechte vorbehalten. Nachdruck, auch auszugsweise, verboten.
Fotos: Frank Schuppelius
Printed in Spain

Das Werk und seine Vorlagen sind urheberrechtlich geschützt, jede Verwertung oder gewerbliche Nutzung der Vorlagen und Abbildungen ist verboten und nur mit ausdrücklicher Genehmigung des Verlages gestattet. Dies gilt insbesondere für die Nutzung, Vervielfältigung und Speicherung in elektronischen Systemen und auf CDs. Es ist deshalb nicht erlaubt, Abbildungen und Bildvorlagen dieses Buches zu scannen, in elektronischen Systemen oder auf CDs zu speichern oder innerhalb dieser zu manipulieren.

Die Ratschläge in diesem Buch sind von den Autorinnen und dem Verlag sorgfältig erwogen und geprüft, dennoch kann eine Garantie nicht übernommen werden. Eine Haftung der Autorinnen bzw. des Verlages und seiner Beauftragten für Personen-, Sach- und Vermögensschäden ist ausgeschlossen.

Inhaltsverzeichnis

Vorwort 5
Material und Werkzeug 6
Grundanleitung 6
Hilfreiche Tipps 7

Tiere 8
Eichhörnchen 8
Hahn und Henne 9
Ente 10
Erpel 11
Hase 12
Katze 13
Schwan 14
Eule 15
Igel 16

Frosch 17
Siebenschläfer 18
Braunbär 20
Wiesel 21
Falter 22
Tagpfauenauge 23
Koi-Karpfen 24
Schleierschwanz 25
Papagei 26
Kolibri 27
Elefant 28
Eisbär 29
Seehund 30
Pinguin 31

Vorwort

Das Gestalten mit Window-Color-Farben ist ein überaus beliebtes Hobby. Die leichte Anwendung der Farben und das Malen ermöglichen es jedem, wunderschöne, leuchtende Window-Color-Objekte herzustellen. Wer einmal mit Window-Color-Farben gearbeitet hat, weiß, wie schwer es ist, wieder damit aufzuhören. Es macht einfach sehr viel Spaß.

Unsere Motive aus der Tierwelt sind nur durch das Spielen mit den Window-Color-Farben entstanden. Dabei haben wir auf die Konturenfarbe verzichtet, um ein natürliches Aussehen zu erzielen. Mit Hilfe der genauen Anleitungen und etwas Geduld wird es Ihnen sicher ebenso gelingen.

Viel Spaß und viel Erfolg wünschen Ihnen

Sandra und Sabine Arriens

Material und Werkzeug

Zum Nacharbeiten unserer Motive benötigen Sie:

- Window-Color-Farben, dickflüssig
- Schaschlikspieße
- Wattestäbchen
- Klarsichtfolie (Prospekthüllen DIN A4)
- Transparentpapier
- weißes Schreibmaschinenpapier
- Bleistift Stärke HB

- Aquarellpinsel Stärke 2,0
- Weicher Flachpinsel Stärke 12,0
- Stecknadeln
- leere Plastikflaschen
- Wasserglas
- Haushaltspapier (Küchenkrepp)

Bei einigen Motiven benötigen Sie zusätzlich Window-Color-Konturenfarbe in Weiß beziehungsweise in Schwarz.

Grundanleitung

1. Einkauf der Farben
Nicht alle Window-Color-Farben sind für das Malen ohne Konturenmittel geeignet. Fragen Sie daher beim Einkauf nach Window-Color-Farben, die dickflüssig sind und beim Auftragen auf die Malfolie nicht auseinander fließen. Da es verschiedene Hersteller von Window-Color-Farben gibt, sollten Sie sich beraten lassen.

2. Vorbereitung
Suchen Sie sich ein Motiv vom Vorlagebogen heraus, und legen Sie einen Bogen Transparentpapier über das Motiv. Durch das Transparentpapier können Sie das Motiv gut sehen. Übertragen Sie jetzt alle Linien des Motivs mit einem Bleistift auf das Transparentpapier. Legen Sie unter den Transparentpapierbogen mit Ihrer Zeichnung ein Blatt Schreibmaschinenpapier; so werden die abgezeichneten Linien deutlicher hervorgehoben. Schieben Sie beide Bögen in eine Prospekthülle.
Bevor Sie jetzt mit dem Malen beginnen, legen Sie sich das Zubehör zurecht: die Farben, leere Plastikflaschen zum Mischen von Farben, Wattestäbchen, Schaschlikspieße, Pinsel, ein Glas Wasser zum Reinigen der Pinsel sowie Küchenkrepp.

3. Das Malen ohne Konturenmittel
Machen Sie sich mit der Vorlage und der Abbildung des Motivs vertraut. Auf dem Vorlagebogen sind alle Farbflächen oder Konturen, die hervorgehoben werden, angegeben. Die Motive setzen sich aus mehreren Farbfeldern zusammen. Malen Sie möglichst nicht mit der Farbe über die Außenlinien des Motivs hinaus. Stoßen verschiedenfarbige Felder aufeinander, lassen Sie die zuvor gemalte Farbe erst antrocknen, bevor Sie die neue Farbe

dagegen setzen. Sind in einem Motiv marmorierte Farbflächen vorgesehen, so ziehen Sie die Farben im feuchten Zustand mit dem Schaschlikspieß ineinander. Beim Marmorieren mit mehr als zwei Farben wird mehr Farbe benötigt, und die Oberfläche des Bildes bekommt ein strukturhaftes Aussehen. Hierbei verlängert sich die Trockenzeit. Bitte beachten Sie dazu die Herstellerangaben.

Sollen feine Linien, Lichtpunkte der Augen oder Fell deutlicher hervorgehoben werden, so setzen Sie diese Akzente mit einem feinen, weichen Aquarellpinsel nachträglich auf das fertige getrocknete Bild. Dazu gehören beispielsweise auch die Barthaare bei einigen Tieren.

Nachdem Ihr Bild fertig gemalt und getrocknet ist, ziehen Sie mit dem weichen Flachpinsel Window-Color-Kristallklar über das gesamte Motiv. Dadurch werden eventuelle Lücken, die Sie beim Malen übersehen haben, oder Risse, die bei dickerem Farbauftrag entstehen können, geschlossen. Außerdem wird die Oberfläche des Bildes glatt und ausgeglichen. Nachdem auch das Kristallklar getrocknet ist, können Sie Ihr Motiv von der Folie abnehmen und an einem Fenster oder einer anderen glatten Oberfläche anbringen.

Hilfreiche Tipps

Mischen von Farben

Kleinere Farbmengen können Sie direkt auf der Malfolie neben Ihrem Motiv mit dem Schaschlikspieß mischen. Größere Mengen mischen Sie in leeren Plastikflaschen, in denen Sie auch eventuelle Reste aufbewahren können. Beginnen Sie immer zuerst mit der helleren Farbe, und fügen Sie die dunklere tropfenweise hinzu.

Malen

Malen Sie mit dem Schaschlikspieß, als wäre es Ihr Pinsel. Tropfen Sie die Farbe auf die Schaschlikspießspitze, und bringen Sie die Farbe damit auf die Malfolie. Bei größeren Flächen tragen Sie die Farbe direkt aus der Flasche auf und verteilen diese mit dem Schaschlikspieß. Solange die Farbe feucht ist, können Sie Korrekturen mit einem Wattestäbchen vornehmen. Entstehende Luftblasen müssen sofort mit einer Stecknadel aufgestochen werden. Sobald die Farbe angetrocknet ist, lassen sich Blasen nicht mehr entfernen.

Reinigung

Reinigen Sie Pinsel umgehend nach Gebrauch mit Wasser und etwas Spülmittel. Das gilt auch für etwaige Flecken an Kleidung oder Möbeln. Spätere Verklebungen lassen sich schlecht entfernen.

Tiere

1. Eichhörnchen

Material:
- Window-Color in Weiß, Orange, Hell- und Dunkelbraun, Grün, Schwarz und Kristallklar
- Konturenfarbe in Weiß

Anleitung:
Bevor Sie mit dem Malen beginnen, mischen Sie sich für das Fell zwei verschiedene Rottöne: einen aus Hellbraun und Orange und einen aus Dunkelbraun und Orange, jeweils im Mischungsverhältnis 1:1. Den helleren Rotton verwenden Sie für die großen Flächen des Körpers, den dunkleren für den Schweif. Beim Schweif kommt zusätzlich Dunkelbraun hinzu, solange die Farbe noch feucht ist. Achten Sie beim Verziehen mit dem Schaschlikspieß auf die Fellrichtung. Am Körper schattieren Sie den helleren Rotton mit Orange und setzen mit Dunkelbraun kleinere Akzente. Nach dem Trocknen schattieren Sie mit dem Aquarellpinsel Gesicht und Pfoten mit einer Mischung aus wenig Dunkelbraun und Weiß und setzen mit der weißen Konturenfarbe einen kleinen Lichtpunkt auf das Auge. Die Zwischenräume füllen Sie mit Kristallklar. Sobald das Motiv insgesamt durchgetrocknet ist, überziehen Sie es mit Kristallklar.

2. Hahn und Henne

Material
- Window-Color in Rot, Gelb, Elfenbein, Hellgrün, Dunkelgrün, Hell- und Dunkelbraun, Schwarz und Kristallklar

Anleitung:

Mischen Sie sich für die Schwanzfedern des Hahns einen Grünton aus etwa drei Teilen Dunkelgrün und einem Teil Dunkelbraun. Beim Malen der Schwanzfedern ziehen Sie zusätzlich einige dunkelgrüne Streifen mit dem Schaschlikspieß hinein, wobei die Farben aber nicht ganz vermischt werden sollen. Achten Sie beim Malen auf die Strichrichtung der Federn. Am Hals ziehen Sie etwas Rot in das Dunkelbraun. Die Füße gestaltet man mit Elfenbein. Die Linien am Kopf und Rücken sowie die Akzente auf den Füßen zeichnen Sie nach dem Trocknen mit dem Aquarellpinsel in Dunkelbraun. Die Lücken an Kopf und Gefieder sowie zwischen Füßen und Untergrund füllen Sie mit Kristallklar. Sobald dies getrocknet ist, überziehen Sie das gesamte Bild nochmals mit Kristallklar.

Für die Henne mischen Sie die Farbe für den Schwanz aus Dunkelgrün und Dunkelbraun. Die hellen Partien am Hals und unter dem Schwanz entstehen durch Hellbraun, verzogen mit Elfenbein. Die Füße malen Sie mit Elfenbein. Die dunklen Schattierungen an Hals, Bauch und Füßen nehmen Sie nach dem Trocknen mit dem Aquarellpinsel vor. Tragen Sie rund um Kopf und Füße Kristallklar auf. Sobald das Bild trocken ist, überziehen Sie es insgesamt noch einmal mit Kristallklar.

3. Ente

Material:
- Window-Color in Elfenbein, Schwarz, Weiß, Hell- und Dunkelbraun, Anthrazit, Olivgrün und Kristallklar
- Konturenfarbe in Weiß

Anleitung:
Malen Sie zuerst die Federspitzen verteilt über den gesamten Körper mit Elfenbein, und lassen Sie die Farbe trocknen. Danach wird das Federkleid hellbraun darüber gemalt, wobei die Struktur der Federn durchscheint. Auch der Flügel wird zunächst hellbraun gemalt. Nachdem er trocken ist, setzen Sie Dunkelbraun darüber und lassen beim Auftragen einige Striche frei. Die Farbe des Schnabels ist ein Gemisch aus Hellbraun und Elfenbein. Für die Wange nehmen Sie Elfenbein mit Dunkelbraun. Für das Wasser mischen Sie Olivgrün und wenig Dunkelbraun, bevor Sie mit dem Schaschlikspieß malen.

Sobald das Motiv trocken ist, zeichnen Sie mit dem Aquarellpinsel und Anthrazit die Schwanzfedern und geben dem Schnabel die seitliche Kontur. Das Auge erhält einen winzigen weißen Lichtpunkt mit Konturenfarbe. Zum Schluss wird das gesamte Motiv mit Kristallklar überzogen.

4. Erpel

Material:
- Window-Color in Weiß, Gelb, Olivgrün, Hell- und Dunkelgrün, Hell- und Dunkelbraun, Violett, Dunkelblau, Anthrazit, Schwarz und Kristallklar
- Konturenfarbe in Weiß

Anleitung:
Bevor Sie mit dem Malen beginnen, mischen Sie für den Kopf des Erpels Dunkelgrün mit etwas Anthrazit. Diese Mischung wird mit dem Schaschlikspieß vom Schnabelansatz her vermalt. Die Felder über und unter dem Auge malen Sie mit unvermischtem Dunkelgrün. Für die Deckfedern werden Hellbraun, Dunkelbraun und Anthrazit in drei verschiedenen Helligkeitsstufen gemischt. Das kleine Feld zwischen den Deckfedern wird mit einem Gemisch aus Dunkelblau und Violett versehen. Die dafür benötigte winzige Menge mischen Sie mit dem Schaschlikspieß auf der Folie neben Ihrem Motiv. Das Schilf malen Sie abwechselnd mit Oliv- und Hellgrün. Die Farbe für das Wasser wird aus Olivgrün mit wenig Dunkelbraun gemischt. Die Zwischenräume zwischen Erpel und Schilf und rund um das Schilf füllen Sie mit Kristallklar. Nachdem alles trocken ist, schattieren Sie mit dem Aquarellpinsel und wenig Anthrazit den Schnabel sowie die Schwanzfedern und setzen mit Konturenfarbe in das Auge einen kleinen weißen Lichtpunkt. Zum Schluss überziehen Sie das fertige Bild insgesamt mit Kristallklar.

5. Hase

Material:
- Window-Color in Weiß, Hell- und Dunkelbraun, Gelb, Schwarz, Hellgrün und Kristallklar
- Konturenfarbe in Weiß

Anleitung:
Beginnen Sie mit dem Körper des Hasen. Malen Sie ihn in einem Arbeitsgang, wobei an Hals, Rücken und Hinterteil Dunkelbraun in die hellbraune Farbe gesetzt wird. Die leichten Fellstrukturen auf der Brust setzen Sie nach dem Trocknen mit dem Aquarellpinsel in Dunkelbraun auf. Achten Sie dabei auf die Fellrichtung. Der Kopf des Hasen wird in Teilen gemalt. Nehmen Sie sich Feld für Feld vor, und verziehen Sie jeweils Hellbraun mit Dunkelbraun, Dunkelbraun mit Schwarz, Dunkelbraun mit Weiß, Hellbraun mit Weiß und an der Stirn Hellbraun mit ein wenig Gelb. Richten Sie sich dabei nach der Abbildung. Das Gras malen Sie Hellgrün und ziehen im noch feuchten Zustand hellbraune Schatten ein. Füllen Sie rundherum die Lücken mit Kristallklar. Zeichnen Sie zum Schluss auf das trockene Bild mit der weißen Konturenfarbe die Barthaare und den Lichtpunkt des Auges. Nach Einhalten der Trockenzeit tragen Sie noch einmal Kristallklar auf das gesamte Motiv auf.

13. Wiesel

Material:
- Window-Color in Weiß, Elfenbein, Hell- und Dunkelbraun, Schwarz und Kristallklar
- Konturenfarbe in Weiß

Anleitung:

Malen Sie zuerst die weißen Felder aus, und lassen Sie diese gut trocknen. Das Gesicht malen Sie unterhalb der Augen mit den Farben Elfenbein und Hellbraun, die Sie ineinander verziehen und dabei einige Partien auf der Schnauze und um die Augen herum heller belassen. Malen Sie das Fell mit Hellbraun und setzen es gegen die weiße Brust ab. Lassen Sie es dann trocknen. Mit dem Aquarellpinsel nehmen Sie anschließend Schattierungen in Dunkelbraun vor. Auch die schwarzen Details der Füße zeichnen Sie mit dem Pinsel. Füllen Sie die Lücken am Stamm mit Kristallklar, und legen Sie an der linken Seite des Kopfes mit Kristallklar eine Grundlage für die freistehenden Barthaare.

Sobald das Bild trocken ist, zeichnen Sie mit der weißen Konturenfarbe die Barthaare und die Lichtpunkte der Augen. Nach dem Einhalten der Trockenzeit überziehen Sie das ganze Motiv mit Kristallklar.

14. Falter

Material:
- Window-Color in Schwarz, Rot, Weiß, Hellblau, Hellgrün, Dunkelgrün, Rosa, Gelborange und Kristallklar
- Konturenfarbe in Schwarz

Anleitung:
Malen Sie die Flügel des Falters in Rot und Schwarz, und verteilen Sie kleine weiße und blaue Flecken gemäß der Abbildung. Die feinen Adern auf den Flügeln zeichnen Sie nach dem Trocknen mit dem Aquarellpinsel auf. Malen Sie die Blätter abwechselnd in Hell- und Dunkelgrün, und verziehen Sie die Farben in noch feuchtem Zustand. Sobald die Farbe des Falters getrocknet ist, malen Sie die Blüte in Weiß und Rosa, wobei Sie die Farben mit dem Schaschlikspieß immer in Richtung Blattspitzen verziehen. Die gelborangefarbene Blütenmitte strukturieren Sie mit etwas Weiß. Sobald die Blüte getrocknet ist, können Sie mit schwarzer Konturenfarbe die Fühler zeichnen. Ist Ihr Motiv fertig und getrocknet, überziehen Sie es abschließend mit Kristallklar.

15. Tagpfauenauge

Material:
- Window-Color in Schwarz, Dunkelbraun, Rot, Weiß, Gelb, Hellblau, Hellbraun, Hellgrün, Dunkelgrün, Gelborange, Rosa und Kristallklar
- Konturenfarbe in Schwarz

Anleitung:
Orientieren Sie sich bei der Farbverteilung an der Abbildung. Die oberen Flügel malen Sie rot, wobei Sie in noch feuchtem Zustand vom Körper ausgehend etwas Dunkelbraun mit dem Schaschlikspieß hineinziehen. Die unteren Flügel malen Sie mit Hellbraun und arbeiten etwas Rot hinein. Die Schraffierung nehmen Sie nachträglich auf den trockenen Flügeln mit dem Aquarellpinsel in Dunkelbraun vor.

Dasselbe gilt für den Körper, den Sie vorher hellbraun angelegt haben.
Für die Blätter mischen Sie sich einen dritten Grünton aus Hellgrün und Hellbraun im Verhältnis 1:1 und vermalen alle drei Grüntöne im Wechsel nass in nass. Bevor Sie an die Blüten gehen, vergewissern Sie sich, dass das übrige Motiv trocken ist, damit sich die helle Farbe nicht vermischt. Malen Sie die Blüten weiß, und ziehen Sie mit dem Schaschlikspieß Rosa in die noch feuchte Farbe. Sobald die Blüten trocken sind, zeichnen Sie mit der schwarzen Konturenfarbe die Schmetterlingsfühler. Die Zwischenräume zwischen Blättern und Blüten füllen Sie mit Kristallklar. Sobald Ihr Motiv trocken ist, überziehen Sie es insgesamt nochmals mit Kristallklar.

16. Koi-Karpfen

Material:
- Window-Color in Gelb, Rosa, Orange, Weiß, Anthrazit, Hellblau und Kristallklar

Anleitung:
Marmorieren Sie den Rücken und die Flossen mit Weiß und Hellblau, den hinteren Bauch mit Gelb und Rosa. Einige Bereiche bleiben dabei unvermischt gelb. Orientieren Sie sich dazu an der Abbildung. Für das Auge verziehen Sie etwas Weiß in Gelb und schattieren es nach dem Trocknen mit dem Aquarellpinsel und etwas Anthrazit. Die hintere Bauchflosse malen Sie mit Gelb, Rosa, Weiß und Hellblau. Zum Schluss malen Sie die Flecken in Anthrazit. Wenn alles trocken ist, zeichnen Sie mit dem Aquarellpinsel und Anthrazit die Flossenstrukturen ein, ebenso wie die Teilungslinie der Schwanzflossen. Die freien Flächen zwischen den Flossen füllen Sie mit Kristallklar. Das fertige Bild wird nach dem Einhalten der Trockenzeit nochmals mit Kristallklar überzogen.

17. Schleierschwanz

Material:
- Window-Color in Gelb, Goldgelb, Schwarz, Weiß und Kristallklar

Anleitung:
Malen Sie Feld für Feld in Schwarz und Weiß gemäß der Abbildung, wobei Sie beim Kopf in die noch feuchte Farbe mit etwas Schwarz Mund- und Nasenkontur hineinziehen und den Bereich unter dem Auge schattieren. Ebenso verfahren Sie bei der hinteren Bauchflosse. Auch die Seitenflosse wird zunächst weiß gemalt und dann mit Schwarz verzogen. Beim Hinterteil wird Gelb mit Weiß aufgehellt. Bei den beiden hinteren Flossen wird Goldgelb auf Gelb aufgesetzt. Nach dem Trocknen malen Sie die Pupille auf das gelbe Auge. Um die Flossen herum füllen Sie alle Lücken mit Kristallklar. Sobald das Bild trocken ist, überziehen Sie es insgesamt mit Kristallklar.

18. Papagei

Material:
- Window-Color in Gelb, Rot, Schwarz, Gelborange, Hellblau, Königsblau, Grau, Hell- und Dunkelgrün, Hell- und Dunkelbraun und Kristallklar

Anleitung:
Die Flügel und den Schwanz strukturieren Sie mit Hell- und Dunkelgrün. Achten Sie dabei auf die Wuchsrichtung der Federn. Für den Bauch ziehen Sie etwas Schwarz in das Rot. In das Gelborange der Brust ziehen Sie Rot hinein. Ebenso verfahren Sie beim Schnabel. Für die Augen verwenden Sie Gelb und setzen nach dem Trocknen die schwarze Pupille darüber. Beim Kopf malen Sie zunächst größere Partien unter dem Auge und auf der Stirn hellblau. Dann setzen Sie das Königsblau dagegen und malen nass in nass in das Hellblau hinein, wobei ein Übergang entstehen sollte. Füllen Sie alle Lücken und Zwischenräume rund um das Motiv mit Kristallklar. Sobald die Farbe trocken ist, arbeiten Sie mit dem Aquarellpinsel die Konturen rund um Auge, Schnabel, Schwanz und Krallen mit Grau beziehungsweise Schwarz. Sobald Ihr Bild ganz trocken ist, überziehen Sie es nochmals mit Kristallklar.

19. Kolibri

Material:
- Window-Color in Hell- und Dunkelgrün, Orange, Hell- und Dunkelbraun, Gelborange, Gelb, Orangerot, Rot, Schwarz und Kristallklar
- Konturenfarbe in Weiß

Anleitung:
Kopf und Flügel malen Sie hellgrün aus und ziehen mit dem Schaschlikspieß Dunkelgrün hinein. Für die Brust werden Gelb und Orange so verwendet, dass in der Mitte ein harmonischer Farbübergang entsteht. Die Schwanzfedern malen Sie mit Dunkelbraun und Orange. Füllen Sie den Raum um die Schwanzfedern und zwischen Schnabel und Flügel mit Kristallklar. Bevor Sie das getrocknete Bild nochmals mit Kristallklar überziehen, zeichnen Sie mit dem Aquarellpinsel die Federkonturen auf der Brust mit Braun und auf dem Hals mit Schwarz. Mit der Konturenfarbe setzen Sie einen weißen Lichtpunkt auf das Auge und konturieren die Krallen.

20. Elefant

Material:
- Window-Color in 3 Grautönen, Anthrazit, Weiß, Elfenbein, Orange, Hellbraun und Kristallklar

Anleitung:
Malen Sie zunächst die hellen Partien in Hellgrau, das Sie mit Weiß marmorieren. Für die dunkleren Bereiche verwenden Sie die anderen Grautöne. Die dunkelsten Akzente setzen Sie mit Anthrazit. Für den Rüssel werden drei Grautöne verwendet, die mit dem Schaschlikspieß in Faltenrichtung ineinander verzogen werden. Für die Stoßzähne ziehen Sie mit dem Schaschlikspieß Elfenbein in das Weiß. Verwenden Sie für die Fußnägel Elfenbein mit Hellbraun, für das Maul Orange mit Hellbraun. Sobald die Farbe trocken ist, zeichnen Sie mit dem Aquarellpinsel die Falten des Rüssels sowie die Konturen um die Augen und Ohren mit Anthrazit. Füllen Sie rund um das Motiv alle Lücken und Ecken mit Kristallklar. Nach Einhalten der Trockenzeit überziehen Sie das fertige Bild nochmals mit Kristallklar.

21. Eisbär

Material:
- Window-Color in Weiß, Elfenbein, Hell- und Dunkelbraun, Schwarz, Hellgrau und Kristallklar

Anleitung:
Grundieren Sie den Eisbär mit Weiß, und ziehen Sie mit dem Schaschlikspieß am Rücken Elfenbein, an der Seite und am Hals Hellbraun und für die dunklen Schattenpartien Dunkelbraun ein. Beachten Sie dabei die Strichrichtung des Fells. Einige Bereiche bleiben unvermischt weiß. Wenn die Farbe getrocknet ist, malen Sie das Gesicht in Schwarz und die Tatzen in Dunkelbraun auf. Deuten Sie auf der Schnauze mit Hellgrau Nasenspitze und -löcher an. Das fertige Bild überziehen Sie nach dem Trocknen mit Kristallklar.

22. Seehund

Material:
- Window-Color in Weiß, Elfenbein, Hellgrau, Schwarz, Anthrazit, Hellblau und Kristallklar
- Konturenfarbe in Weiß

Anleitung:
Mischen Sie aus Elfenbein und Weiß die Farbe für das Schnäuzchen. Malen Sie den Körper weiß, und ziehen Sie mit dem Schaschlikspieß hellgraue Schatten und Konturen in die feuchte Farbe. Die Details der Schnauze zeichnen Sie mit dem Aquarellpinsel in Anthrazit auf die getrocknete Farbe. Mit der weißen Konturenfarbe setzen Sie Lichtpunkte auf die schwarzen Augen, sobald diese trocken sind. Verwenden Sie für die Eisscholle das Hellblau nur sehr sparsam, und ziehen Sie es mit dem Schaschlikspieß in das Weiß hinein. Wenn das Bild trocken ist, überziehen Sie es mit Kristallklar.

23. Pinguin

Material:
- Window-Color in Weiß, Gelborange, Orange, Hellgrau, Hellblau, Schwarz, Rot und Kristallklar
- Konturenfarbe in Weiß

Anleitung:
Beginnen Sie mit dem Bauch des Pinguins. Malen Sie das Weiß mit dem Schaschlikspieß von unten nach oben, wobei Sie zur Brust hin Gelborange hineinziehen und allmählich zum reinen Gelborange übergehen. Für die Wange ziehen Sie Orange in das Gelborange hinein. Die rückwärtige Seitenflosse setzen Sie mit etwas Hellgrau vom Körper ab. Die Krallen sind Hellgrau und werden nach dem Trocknen mit einem Aquarellpinsel in Anthrazit strukturiert. Nehmen Sie nur sehr wenig Hellblau, um die Eisscholle zu marmorieren. Sobald das Schwarz getrocknet ist, zeichnen Sie mit der weißen Konturenfarbe einen dünnen Kreis um das Auge und setzen einen Lichtpunkt. Zum Abschluss überziehen Sie das fertige getrocknete Bild mit Kristallklar.

ISBN 3-8241-1020-2
Broschur, 32 S., 2 Vorlageb.

ISBN 3-8241-1029-6
Broschur, 32 S., 2 Vorlageb.

ISBN 3-8241-1031-8
Broschur, 32 S., Vorlageb.

ISBN 3-8241-1027-X
Broschur, 32 S., 2 Vorlageb.

ISBN 3-8241-0973-5
Broschur, 32 S., 2 Vorlageb.

ISBN 3-8241-1013-X
Broschur, 32 S., Vorlageb.

Lust auf Mehr?

Liebe Leserin, lieber Leser,
natürlich haben wir noch viele andere Bücher im Programm.
Gerne senden wir Ihnen unser Gesamtverzeichnis zu.
Auch auf Ihre Anregungen und Vorschläge sind wir gespannt.
Rufen Sie uns einfach an oder schreiben Sie uns.

Englisch Verlag GmbH
Postfach 2309 · 65013 Wiesbaden
Telefon 06 11/9 42 72-0 · Telefax 06 11/9 42 72 30
E-Mail info@englisch-verlag.de
Internet http://www.englisch-verlag.de